# NOTICE

SUR

## LE VILLAGE, LE CHATEAU

ET

## LES ANCIENS SEIGNEURS

DE VENTAVON

MARSEILLE

TYPOGRAPHIE ET LITHOGRAPHIE MARIUS OLIVE
Rue Sainte, 39

1877.

# NOTICE

## SUR

## LE VILLAGE, LE CHATEAU

### ET

### LES ANCIENS SEIGNEURS

#### DE VENTAVON

---

MARSEILLE

TYPOGRAPHIE ET LITHOGRAPHIE MARIUS OLIVE
Rue Sainte, 39

**1877.**

# NOTICE

SUR

## LE VILLAGE, LE CHATEAU

### et les anciens Seigneurs de Ventavon

Le village, le château, la fontaine, — Guillaume de Moustier. — Guilhin Camisard et Louis de Moustier. — Droits féodaux. — Le marchand Vénitien et les trois seigneurs. — Antoine de Moustier et la chapelle. — Les Morges et les Tournus. — Le Père Tournu de Ventavon, sa vocation, son aptitude pour les mathématiques, missionnaire en Chine, sa présence à la cour de l'empereur, ses automates. — Le canal de la Durance.

A mi-chemin de Gap à Sisteron, on aperçoit à droite, sur un côteau qui présente la forme d'un cône tronqué, le village et le château de Ventavon. On y arrive, par une pente rapide, en suivant les contours d'une voie récemment tracée. Les flancs du côteau sont, en grande partie dénudés. On y rencontre pourtant quelques prairies et quelques vignes.

Le village fut entouré de hautes murailles, pendant les guerres religieuses du XVIe siècle. Sur une pierre faisant partie de la seule porte crénelée qui reste, on lit le millésime de 1574. Les rues sont étroites et les maisons pauvrement bâties n'y suivent aucun alignement régulier. L'église qui date du XVe siècle est construite en pierres taillées symétriquement ; les murailles en sont épaisses comme celles d'une forteresse Une déviation assez marquée, dans le chœur, prouve qu'elle est postérieure à la construction des maisons qui l'entourent, et atteste le respect de nos pères pour la propriété privée. On remarque encore dans le village une citerne immense qui doit être contemporaine des fortifications et qui était destinée, en cas de siége, à contenir la provision d'eau des habitants.

En effet, avant 1856, il n'y avait aucune fontaine à Ventavon. Des eaux abondantes y sont aujourd'hui conduites d'une montagne voisine avec un refoulement de 75 mètres de hauteur, qui permettrait d'établir dans la plaine le plus splendide jet d'eau. La construction de cette fontaine, œuvre d'art remarquable, est due à l'initiative désintéressée du propriétaire actuel du château, M. de Ventavon, sénateur des Hautes-Alpes.

Le château, ancienne demeure féodale, occupe toute la partie méridionale du côteau ; trois terrasses en amphithéâtre, que soutiennent de hautes murailles, forment au vieil édifice une triple ceinture. De la plus élevée on jouit d'un coup d'œil admirable ; au levant on voit les cimes des grandes Alpes, éternellement couvertes de neige ; au midi, la vue, passant pardessus la citadelle de Sisteron, va se perdre dans les environs d'Aix en Provence. Dans ce rayon de plus de 100 kilomètres on peut compter de nombreux villages, presque toujours placés sur des sommets auprès des ruines d'un vieux château. Sur ce point élevé les couchers du soleil sont plus ravissants : le ciel est plus bleu ; les nuits sont plus calmes, plus mystérieuses, les étoiles plus étincelantes. L'âme est éprise d'un doux enivrement. Dans le milieu de la plaine coule la Durance dont les eaux reflètent les rayons du soleil levant.

Le château de Ventavon, flanqué de tours, n'a rien de remarquable dans son architecture. La porte qui s'ouvre sur le village est du XVe siècle, et dans le style de la Renaissance. Le temps et les révolutions l'ont mutilée. Sur la terrasse où se trouve la façade principale du château, il n'y a qu'une porte basse, étroite, blindée de fer. Mais l'intérieur du vieux manoir a été restauré, il y a quelques années, avec beaucoup de goût. Il renferme un grand nombre de tapisseries de Flandre, d'Aubusson et de Beauvais, des tableaux de diverses écoles, des glaces de Venise, des meubles sculptés ou dorés, des porcelaines et des faïences remarquables. La chapelle intérieure est tendue en cuir doré de Cordoue.

Sous la domination romaine cette vallée des Alpes paraît avoir été peuplée plus qu'elle ne l'est aujourd'hui. On y trouve beaucoup de vestiges de cette époque; tels que des tombeaux gallo-romains, des fragments d'inscription, des armes brisées, des pièces de monnaie en grand nombre, des *ex-voto* aux Dieux de l'Olympe, des lacrymatoires, des urnes sépulcrales, des traces encore apparentes de vastes constructions. Ces débris d'une civilisation avancée se trouvent surtout aux alentours d'un petit village, appelé le Monétier-d'Allemond qui est à peu de distance de Ventavon et mentionné, comme station romaine dans l'*Itinéraire d'Antonin*.

Dans le *Dictionnaire du Dauphiné* de Gui-Allard, Ventavon est appelé, en latin, *Alabonum* ou *A'abrontem* du nom des Alabontes, ancien peuple qui habitait son territoire.

Cette contrée, comme le reste de la France, subit plusieurs invasions dont la plus terrible fut celle des Sarrazins. Les Maures la couvrirent de ruines et de sang, et malgré les siècles écoulés, les traditions populaires sont en harmonie avec l'histoire. Le souvenir des musulmans est resté chargé de malédictions.

Au moyen-âge la seigneurie de Ventavon appartenait à la maison de Moustier. Dans les notes pour servir à l'histoire de Provence, par V. Lieutaud, bibliothécaire de Marseille, on trouve à la date du 27 mars 1313, la vente de la ville de Moustier (Basses-Alpes) au roi Robert, comte de Provence; et on lit que, dans cet acte de vente, il est fait mention de la procuration donnée par Guillaume de Moustier, seigneur de Ventavon, à ses fils Bertrand et Ripert

Henri, le 2 mars 1343. L'auteur fixe en conséquence à cette date l'émigration de la famille de Moustier dans le Dauphiné ; mais un titre plus ancien encore, c'est-à-dire du milieu du treizième siècle, prouve que déjà la seigneurie de Ventavon appartenait à cette illustre famille.

Toutes les chartes font foi, dit l'historien de la ville de Gap, qu'il y avait, sur le territoire de Ventavon, un couvent de Chartreusines dans le quartier qui porte encore le nom de Berthaud ; l'une d'elles constate que Guillaume de Moustier, seigneur de Ventavon, pour l'acquit de sa conscience et en réparation des injures, menaces et mauvais traitements dont lui et ses auteurs s'étaient rendus coupables envers les chastes filles de St-Bruno, fit, en 1250, donation, au couvent de Berthaud, de tous les droits qu'il prélevait auparavant sur les terres de ce couvent (1).

Un siècle plus tard, le 25 juillet 1395, sous Ventavon, étaient de passage les débris de l'armée du comte d'Armagnac dont l'expédition, en Milanais, avait échoué.

---

(1) Théop Gautier, *Histoire de la ville de Gap*, p. 215.

Le chef de cette bande se nommait Guilhin Camisard, d'Armagnac ayant été tué. Louis de Moustier, alors seigneur de Ventavon, fit demander à l'aventurier ce qu'il voulait. Pour toute réponse celui-ci se jeta sur le château de Lazer situé à peu de distance et s'en empara. Ce château, appartenant à l'évêque de Gap qui en faisait sa résidence d'été, était situé sur une montagne appelée la Plâtrière. Du haut de cette forteresse Camisard répandait la terreur à plusieurs lieues à la ronde. Il dévastait les champs, livrait à l'incendie les fermes et passait leurs habitants au fil de l'épée.

Louis de Moustier arma ses vassaux et essaya de tenir en échec le brigand et ses soldats. Le sort des armes ne lui fut pas favorable ; il fut non-seulement vaincu, mais encore fait prisonnier. Camisard fut exigeant pour sa rançon. Le seigneur s'adressa aux habitants de ses terres.

Les prescriptions féodales voulaient que dans le cas de captivité du seigneur, placé parmi les cas Impériaux, tous les vassaux contribuassent au rachat. Ceux de Louis de Moustier s'y refusèrent ; ils prétendirent que la guerre, où le seigneur avait perdu sa liberté, n'était pas une guerre régulière ; qu'elle n'avait pas été autorisée par le souverain ; qu'en conséquence le cas ne leur était point applicable. L'affaire s'arrangea néanmoins ; quelques concession de la part de Louis de Moustier décidèrent ses vassaux à lui accorder une contribution pour sa délivrance, ce qui devint le sujet d'une transaction conservée, en original, dit M. de Laplane, aux archives du château de Ventavon.

Un marchand florentin nommé Mathieu Veneti revenait d'Avignon et traversait paisiblement, avec sa suite, le diocèse de Gap pour retourner en Italie. Il fut surpris par la nuit près de Lazer et s'égara. Les fils des seigneurs de Ventavon, de Valserres et de Ribiers étaient en fête. Ils attaquèrent le marchand qu'ils prirent pour un espion. Après quelques moments d'une résistance inutile, Veneti fut obligé de se rendre, maltraité, conduit au château voisin d'Arzeliers et jeté en prison. Il fut interrogé plus tard sur son nom, ses qualités et le but de son voyage. Le marchand répondit à tout avec sincérité Dès qu'il fut libre, il courut à Ribiers se pourvoir auprès de la cour seigneuriale, qui, déjà prévenue de l'aventure, se hâta de le faire indemniser. Le seigneur de Ribiers, un des plus riches et des plus puissants de la contrée, avait donné l'ordre à son bailli d'accueillir la plainte et d'y faire droit. Cet évènement se passait en 1429 et le jeune seigneur de Ventavon s'appelait Antoine de Moustier. Ce fut à cette époque que fut construite, sur une colline, rapprochée du château de Ventavon, une chapelle dédiée à Notre-Dame-de-Pitié.

Antoine de Moustiers en assura régulièrement le service par une fondation importante. Chaque jour on y disait la messe et les paroisses voisines y venaient à des époques déterminées en procession. Les ex-voto suspendus à l'intérieur attestent les nombreuses grâces accordées par la Ste-Vierge aux fidèles qui ont invoqué, dans ce sanctuaire, sa toute puissante intervention.

En 1865, M. de Ventavon, héritier de la foi de ses prédécesseurs, fit restaurer le pieux édifice et le dota d'une façade en pierres blanches, dans le style ogival, surmontée d'une statue de la Vierge de grandeur naturelle.

En partie reconstruite, cette chapelle avait besoin d'une nouvelle bénédiction. L'évêque de Gap, assisté de ses grands-vicaires et d'un nombreux clergé, vint la bénir le 30 avril 1867. Cette fête fut splendide. Le souvenir en est encore vivant dans le cœur des habitants de Ventavon et des paroisses qui s'y étaient rendus processionnellement.

Le village et le château de Ventavon ont une page dans l'histoire des guerres religieuses du XVIe siècle. On sait tout l'acharnement qu'elles eurent en Dauphiné. Les historiens du temps font mention d'entrevues qui eurent lieu à Ventavon, entre Lesdiguières, Lavalette et autres personnes de marque de cette époque troublée.

En 1692, les Piémontais envahirent le Dauphiné et, en représailles de l'incendie du Palatinat par Turenne, ils brûlèrent Embrun, Guillestre, Chorges, Gap et le superbe château de Tallard, possédé à cette époque par Camille d'Hostun, moins connu par son goût pour les constructions que par la défaite d'Hochstet. De Tallard, les troupes sardes s'approchèrent de Ventavon ; la tradition locale veut que les habitants aient placé, sur leurs remparts encore debout, des poutres noircies ressemblant à des canons. Croyant qu'il faudrait faire un siège régulier et menacé sur ses derrières par Catinat, l'ennemi se replia ; par cet audacieux stratagème, Ventavon fut sauvé du pillage et de l'incendie.

Au commencement du dix-septième siècle, la noble famille de Moustier tomba en quenouille. La fille aînée épousa Barthasard de Morge, seigneur de l'Epine, qui prit le nom de Ventavon. Le fils ou le petit-fils de ce dernier mourut sans enfant ; et cette terre passa aux mains de la famille Tournu, qui la possède encore aujourd'hui et qui avait, dans le temps, contracté plusieurs alliances avec la maison de Moustier.

Elle a donné à la magistrature, à l'armée et à l'Eglise des hommes remarquables. Une de leur qualité dominante fut l'aménité du caractère jointe à l'amour de l'étude. Plusieurs membres de cette famille appartenaient, dans le siècle dernier à l'Ordre des Jésuites. Le plus célèbre fut le Père Mathieu de Ventavon.

Le 14 septembre 1733 naquit au château de Ventavon, un enfant de bénédiction et de grâces qui fut appelé Mathieu. Il avait un caractère doux, des mœurs innocentes, de la précocité dans l'esprit et une grande aptitude pour les sciences. Tout se réunissait pour en faire l'orgueil et l'espoir de sa famille ; tout lui promettait à lui-même la fortune et les honneurs ; Dieu se l'était réservé et le destinait aux missions de l'Orient. Mathieu, ses premières études terminées, sollicita de ses parents la permission d'entrer dans les ordres religieux et d'aller joindre ses trois oncles dans la compagnie de Jésus. Comme il était l'aîné de la famille, son père et sa mère, malgré leur profonde piété, refusèrent leur consentement Il s'échappa alors de la maison paternelle, se rendit à Apt et demanda, au gardien du couvent des Capucins, l'emploi le plus humble. Sa famille se mit à sa recherche, le découvrit aisément et il fut ramené au château. Il prit alors une résolution étrange. Afin que l'on perdît ses traces, il se fit faire des vêtements de toile pour se baigner, alla s'en revêtir sur les bords de la Durance et déposa, sur le rivage, ses habits ordinaires. Il se rendit ensuite avec son costume de baigneur à Aix, en Provence et prit du service dans la maison des religieux recolets. On l'envoya servir des maçons, avec lesquels il faillit se trahir en prenant part à la direction du travail. On y fit peu d'attention ; mais ce qui frappa d'admiration les Pères ce fut de le voir passer, aux pieds des autels, tous les moments qu'il n'employait pas au travail.

Pendant ce temps, ses parents le croyant noyé étaient dans la désolation. Dieu ne tarda pas à leur révéler la vérité. Un habitant de Ventavon étant venu à Aix le reconnut dans la rue malgré son déguisement.

Le père et la mère furent vivement impressionnés. Craignant Dieu, ils ne voulurent pas s'opposer plus longtemps à la volonté divine. Ils prièrent l'évêque de Sisteron, Mgr Lafiteau, d'examiner la vocation de leur fils ; et, sur l'avis du Prélat, ils l'envoyèrent à Avignon au noviciat des Jésuites. Que de fois, dans ce pieux asile, il dut répéter les paroles du Prophète : « Je laisse à d'autres les hon-
« neurs, les plaisirs, les biens de la terre
« et je ne demande à Dieu qu'une faveur :
« celle d'habiter ma vie entière dans l'asile
« fortuné où sa grâce m'a conduit. »

Violemment attaquée par les philosophes du XVIIIe siècle, la Société de Jésus était ébranlée, et sa ruine paraissait imminente. Les parlements la persécutaient. Il n'y avait plus pour elle de sécurité nulle part. Cependant, le 22 novembre 1754, Mathieu avait fait ses vœux et se destinait aux missions de l'Orient. Dans cette vue, dit le Père Rosignol son biographe, il avait joint à l'étude de la religion celle de la mécanique et de l'horlogerie.

Le moment est venu de recueillir le fruit des connaissances divines et humaines qu'il a acquises ; mais les Jésuites sont dissous et persécutés. Comment aller en Chine ? Humainement parlant, c'est un rêve ; mais Dieu se rit des calculs des hommes et sait toujours arriver à ses fins. Le Père de Ventavon doit aller à Pékin, et il ira Il se rend à Lorient, il s'embarque, et, ce qui est plus merveilleux, la cour fournit un millier d'écus pour la dépense de la traversée.

Le Père de Ventavon aborde heureusement l'île Maurice, y prend un autre Jésuite appelé le Frère Bazin et arrive, avec lui, à Canton. Le voilà aux portes du Céleste-Empire ; mais elles sont rigoureusement fermées. Que fera-t-il ? Non-seulement il ira en Chine, mais encore dans le palais impérial, où il sera reçu familièrement par le souverain.

Le Frère Bazin avait été le médecin du fameux Tamas-Kouli-Kan. Le fils de l'empereur était grièvement malade, et les docteurs de la Chine ne pouvaient le guérir. On parla à l'empereur d'un Européen qui avait fait des cures merveilleuses, et qui n'était autre que le Frère Bazin.

A Canton, un jour que le Père de Ventavon et le Frère Bazin s'entretiennent ensemble, ils entendent faire une proclamation à son de trompe ; ils prêtent l'oreille. C'était l'ordre de l'empereur qui faisait demander le Frère Bazin. Le religieux se présente au vice-roi qui lui ordonne d'aller à la cour. — Je suis prêt à partir, répondit-il, à condition qu'il me sera permis de conduire avec moi mon compagnon. Ce qui est immédiatement accordé.

A la Cour le Père de Ventavon s'annonça comme artiste mécanicien. Il fut bien accueilli, et retenu au Palais où il ne tarda pas à exercer son talent. Au bout d'un an, il se trouva, dit le Père Rosignol, en état de prêcher en chinois, chose qui paraîtra tenir du prodige à ceux qui ont une idée du caractère de la langue chinoise.

Le frère Thibaut avait fait pour l'empereur un lion et un tigre qui marchaient seuls environ trente ou quarante pas. Ventavon eut ordre, à son tour, de faire deux hommes qui porteraient un vase de fleurs. Quand le travail fut fini, assis sur son trône, entouré de ses hauts mandarins, l'empereur reçut les deux automates qui s'inclinèrent devant Sa Majesté et lui présentèrent chacun un bouquet de fleurs

On conçoit aisément l'usage que le Père de Ventavon fit de son crédit pour l'avantage de la religion. Il ne se contentait pas de la protéger. Il consacrait au saint ministère tout le temps qu'il avait de libre. Dans les élans de son zèle il s'excédait de fatigue et usait ses forces. Il vieillit avant le temps et mourut à Pékin le 27 mai 1787, dans la paix du Seigneur.

On raconte que l'empereur vint un jour le voir travailler sans se faire connaître ; croyant s'entretenir avec un personnage d'un rang ordinaire, le Père de Ventavon se mit sur un ton d'aisance et de gaîté qui était déplacé devant un si grand prince. Il aperçut bientôt, sur son front, un bouton, signe distinctif de la dignité impériale. Il fut déconcerté. L'empereur, qui s'aperçut de son trouble, le rassura et lui dit qu'il n'avait point pris en mauvaise part ses spirituelles plaisanteries On voit par là quelle grande situation il s'était acquise à la Cour et près du souverain.

Plusieurs lettres du missionnaire sont conservées dans la bibliothèque du château de Ventavon. On y voit aussi, dessiné par lui, cet admirable palais d'été que les soldats anglais ont pillé et incendié. Ses petits-neveux ont fait traduire, sur les verrières de la chapelle de Notre-Dame-de-Pitié, les principaux faits de sa vie. La pierre qui couvrait à Pékin son tombeau, a été retrouvée lors de notre expédition de Chine, et des photographies en ont été rapportées.

Cette noble famille continue ses traditions de dévouement envers la patrie, de générosité pour tout ce qui souffre, de fidélité à tous les bons principes. En 1789 elle comptait parmi ses membres

Jean Antoine, frère du missionnaire de Chine, dont la signature est au bas du procès-verbal de la célèbre assemblée de Vizille de 1788. Edouard, fils aîné du précédent conseiller au Parlement du Dauphiné ; Victor, second fils qui assista aux états de Roman ; Casimir, qui fit à la tête d'un régiment de dragons les campagnes d'Italie, où il se couvrit de gloire, reçut plusieurs fois les félicitations des généraux en chef et mourut des suites de ses blessures. Xavier et Henri, officiers d'état-major.

La même famille a été représentée, dans le XIX$^e$ siècle par M. Mathieu de Ventavon, magistrat démissionnaire en 1830 et successivement avocat au bareau de Grenoble, et par M. Casimir de Ventavon, député des Hautes-Alpes à l'Assemblée nationale, aujourd'hui sénateur.

Depuis de longues années, M. Casimir de Ventavon s'occupe du canal de la Durance qui doit arroser le territoire de dix communes, et, par de nombreuses chutes d'eau, implanter l'industrie dans ces localités. On ne se doutera jamais des difficultés qu'il a rencontrées ; ce sont d'abord les intéressés eux-mêmes qui redoutent l'inconnu ; c'est ensuite l'administration de l'Empire qui croit voir une manœuvre électorale. Un homme moins persévérant que M. de Ventavon aurait été découragé. Aujourd'hui ce vaste projet est en bonne voie et sa réalisation changera l'aspect du papys.

ALLARD

Curé du Poët.

www.ingramcontent.com/pod-product-compliance
Lightning Source LLC
Chambersburg PA
CBHW061531040426
42450CB00008B/1872